Inhalt

Integrated Reporting - Controlling-Zahlen für die externe Finanzberichterstattung

Kernthesen

Beitrag

Fallbeispiele

Weiterführende Literatur

Impressum

Integrated Reporting - Controlling-Zahlen für die externe Finanzberichterstattung

Robert Reuter

Kernthesen

- Integrated Reporting könnte zum Standard für die Berichterstattung von Großkonzernen werden.
- Angestrebt wird ein Reporting, das die Wertorientierung der Unternehmen leicht und schnell verständlich präsentieren kann.
- Hierfür werden in weit stärkerem Maße als bisher nicht-finanzielle Unternehmensdaten herangezogen werden - gerade aus dem Controlling.
- Der so genannte Management Approach -

das heißt das Heraustragen von Zahlen, die das Controlling eigentlich für die interne Unternehmenssteuerung ermittelt - wird im Integrated Reporting eine noch größere Bedeutung erhalten.

Beitrag

Integrierter Report statt isolierter Berichte

Großkonzerne müssen sich auf neue Pflichten bei der Berichterstattung einstellen. Das Schlagwort heißt hierbei Integrated Reporting (IR). Gemeint ist damit eine ganzheitliche Berichterstattung, die sich nicht mehr aus Einzelstücken zusammensetzt, wie es in der heutigen Praxis geschieht.

Konzernberichte setzen sich für gewöhnlich aus umfangreichen und nicht aufeinander abgestimmten Einzelberichten zusammen, wie etwa dem Jahresabschluss, dem Konzernabschluss, dem Nachhaltigkeitsbericht und dem Offenlegungsbericht. Da die einzelnen Schriften nicht nur unzusammenhängend, sondern noch dazu immer umfangreicher ausfallen, ist es fast unmöglich geworden, Berichte untereinander zu vergleichen oder diese auch nur zu prüfen. Integrierte Reporte fassen die Dinge zusammen und sorgen so für Vergleichbar- sowie Überprüfbarkeit. Ein zweites Kennzeichen von Integrated Reportings ist die Ausdehnung der Berichterstattung auf alle Felder, in denen das Unternehmen Wertschöpfung betreibt. Im integrierten Report befinden sich darum nicht nur nackte Umsatz- und Gewinnzahlen, sondern auch die Leistungen der Unternehmen für soziale, ökonomische und ökologische Nachhaltigkeit.

Betrieben und angeführt wird die Novellierung der Unternehmensberichterstattung hin zum integrierten Report insbesondere durch das International Integrated Reporting Council (IIRC). Der Zusammenschluss von namhaften internationalen Unternehmen, Nichtregierungsorganisationen (NGOs) und Wirtschaftsprüfungsgesellschaften ist dabei, einheitliche Standards für ein weltweit anwendbares Integrated Reporting zu formulieren. Durch die Einbindung der Nachhaltigkeitsbestrebungen in die Reports sollen die Unternehmen künftig darstellen, wie sie nachhaltige Werte schaffen und erhalten. Ende dieses Jahres will das IIRC ein Rahmenpapier erarbeitet haben und es der Öffentlichkeit vorstellen.

Von zentraler Bedeutung sind die Leistungen der Unternehmen für das Gemeinwesen. Auch dieses Feld der unternehmerischen Wertorientierung wird bisher in einem Einzelbericht (Corporate Responsibility, CSR) veröffentlicht. Integrated Reporting bedeutet aber, dass die finanzielle Berichterstattung mit den Informationen des CSR-Reportings verknüpft dargestellt wird. Die Zusammenführung der beiden Felder soll es den Interessengruppen rund um das Unternehmen erleichtern, die Wirtschaftlichkeit und die Nachhaltigkeitsleistungen mit einem Blick erfassen zu können. Im Idealfall entsteht ein Unternehmensbericht, der die Unternehmensstrategie widerspiegelt und dem Adressaten eine ganzheitliche Einschätzung der Lage des Unternehmens ermöglicht.

Sollte IR einmal zum Standard der Unternehmensberichterstattung werden, wäre darum in allen Bereichen ein tiefgreifendes Umdenken erforderlich. Integrated Reporting ist nicht nur eine andere Art des Berichtens, sondern stellt zugleich neue Anforderungen an das Zusammenspiel von Strategie, Steuerung und Überwachung. Die Intention des Reports soll es sein, klar aufzuzeigen, wie Strategien, Führungs- und Kontrollfunktionen ineinandergreifen, um wertorientiert zu wirtschaften. Das IIRC hat bereits explizit festgestellt, dass sich nachhaltige Werte nicht alleine durch die Maximierung des finanziellen Kapitals schaffen lassen. (1), (2), (5)

Übersichtliche Informationen auf einen Blick

Ein weiteres Kennzeichen integrierter Reports soll ihre Knappheit und Übersichtlichkeit sein. Interessengruppen und Anleger sollen sich nicht länger durch mehrere 100 Seiten lange Geschäftsberichte hindurcharbeiten müssen, um sich ein Bild vom Erfolg und von der Wertorientierung des Unternehmens machen zu können. Auf Detailberichte, die nur für bestimmte Gruppen interessant sind, wird dann nur noch verwiesen. Zugleich bieten Integrated Reports Vorteile auch für die Unternehmen selbst. Da sie ihre Situation übersichtlich, plastisch und ganzheitlich darstellen können, dürfte ein erleichterter Zugang zu Finanzkapital die positive Folge sein. (1), (2)

Trends

Management Approach - mehr Verantwortung für das Controlling

Modifiziert wird die Konzernberichterstattung nicht

nur infolge der Bestrebungen des IIRC. Auch das Deutsche Rechnungslegungs Standards Committee (DRSC) hat Ende des vergangenen Jahres einen neuen Standard zur Konzernlageberichterstattung veröffentlicht. Der als DRS 20 bezeichnete Standard hat unter vielem anderen das Ziel, die Berichterstattung über nicht-finanzielle Leistungsindikatoren und deren Bezug zur Nachhaltigkeit zu stärken. DRS 20 zeigt damit deutliche Parallelen zum erwarteten Standard des IIRC.

DRS 20 zeigt zugleich auf, was die Erneuerung der Reportingstandards für das Controlling bedeuten könnte. So ist in DRS 20 explizit festgehalten, dass die eigentlich zur Unternehmenssteuerung gewonnenen Daten des Controllings auch in die externe Rechnungslegung Eingang finden müssen. Bezeichnet wird dieses Heraustragen interner Controlling-Zahlen als Management Approach. Die Verwendung der Zahlen für externe Zwecke ist dem Controller allerdings nicht ganz neu. In Konzernen, die nach dem Internationalen Financial Reporting Standard (IFRS) bilanzieren, ist der Management Approach schon seit Jahren üblich, denn viele Regelungen des IFRS lassen sich nur dann einhalten, wenn Controller-Zahlen für die Rechnungslegung herangezogen und damit öffentlich werden.

Dem Management Approach folgt aber auch das

deutsche Handelsrecht. So wird beispielsweise bei der Bewertung des Vorratsvermögens auf die interne Kostenrechnung zurückgegriffen. Im IFRS sind diese Anwendungsmöglichkeiten des Management Approach jedoch deutlich ausgeweitet, so dass Controller heute in weit größerem Umfang als früher Verantwortung für die externe Finanzberichterstattung übernehmen.

Auch im Integrated Reporting soll die Herausgabe von Zahlen aus dem Controlling dazu führen, dass Stake- und Shareholder Einblicke in die innere Unternehmenssituation erhalten, die sonst nur dem Management vorbehalten bleiben. Integrated Reporting wird daher, anschließend an die Bestimmungen des IFRS, zu einer weiteren Harmonisierung der internen und der externen Rechnungslegung beitragen.

Da IR das Nachhaltigkeitsstreben von Großkonzernen besonders herausgestrichen sehen will, könnte der derzeitige Prozess darüber hinaus dem Green Controlling weiteren Anschub geben. (3), (4), (7), (8)

Fallbeispiele

Nachhaltigkeitsberichte werden

zur Pflicht

Bisher mussten Großkonzerne über ihre Nachhaltigkeitsbemühungen nur Auskunft geben, wenn diese für den Erfolg des Unternehmens von Bedeutung sind. Ein verpflichtendes Regelwerk für die Art und Weise der Offenlegung gab es nicht. Damit dürfte es bald zu Ende sein. DRS 20 legt den Unternehmen die Verpflichtung auf, dass für nach dem 31. Dezember 2012 beginnende Geschäftsjahre finanzielle und nicht-finanzielle Nachhaltigkeitsinformationen im Konzernlagebericht enthalten sein müssen, wenn sie zur Unternehmenssteuerung eingesetzt werden. Auch die Europäische Kommission hat sich auf diesen Weg begeben. Sie will bis spätestens 31. Dezember 2014 die Offenlegung nicht-finanzieller Daten zur Pflicht für alle Personengesellschaften ab 500 Mitarbeitern einführen. (6)

Weiterführende Literatur

(1) Die Lageberichterstattung deutscher Unternehmen im Lichte des "Integrated Reporting" Erste empirische Erkenntnisse
aus Kapitalmarktorientierte Rechnungslegung, Heft 5 vom 2.5.2013, Seite 243 -

(2) Integrated Reporting: Lohnt sich der zusätzliche Aufwand für Kreditinstitute?
aus Zeitschrift für das gesamte Kreditwesen 11 vom 01.06.2013 Seite 559

(3) EU-Richtlinienvorschlag zur Offenlegung von nicht-finanziellen Informationen: Ist eine Pflicht notwendig?
aus Betriebs Berater Heft 22/2013 Seite 1323

(4) Nicht-finanzielle Leistungsindikatoren und Aspekte der Nachhaltigkeit bei der Anwendung von DRS 20 Was sich durch DRS 20 in der Konzernlageberichterstattung tatsächlich ändert
aus Kapitalmarktorientierte Rechnungslegung, Heft 5 vom 2.5.2013, Seite 236 -

(5) Integrated Reporting - Herausforderungen für die Finanzberichterstattung
aus Betriebs Berater Heft 15/2013 Seite 875

(6) Mehr Vertrauen durch bessere Nachhaltigkeitsreports
aus Smart Investor, Heft 04/2013, S. 34-35

(7) DRS 20: Auf dem Weg zum Integrated Reporting?
aus Betriebs Berater Heft 49/2012 Seite 3063

(8) Kennzahlen in Nachhaltigkeitsberichten im Fokus
von Malte Rönz und Michael Ryba
aus CONTROLLER Magazin, Heft 5/2012, S. 87-91

Impressum

Integrated Reporting - Controlling-Zahlen für die externe Finanzberichterstattung

Bibliografische Information der deutschen Nationalbibliothek

Die Deutsche Nationalbibliothek verzeichnet diese Publikation in der deutschen Nationalbibliografie; detaillierte bibliografische Daten sind im Internet über http://dnb.d-nb.de abrufbar.

ISBN: 978-3-7379-0117-8

© 2015 GBI-Genios Deutsche Wirtschaftsdatenbank GmbH, Freischützstraße 96, 81927 München, www.genios.de

Alle Rechte vorbehalten. Dieses Werk ist einschließlich aller seiner Teile – z.B. Texte, Tabellen und Grafiken - urheberrechtlich geschützt. Jede Verwertung außerhalb der Grenzen des Urheberrechtsgesetzes bedarf der vorherigen Zustimmung des Verlags. Dies gilt insbesondere auch für auszugsweise Nachdrucke, fotomechanische

Vervielfältigungen (Fotokopie/Mikroskopie), Übersetzungen, Auswertungen durch Datenbanken oder ähnliche Einrichtungen und die Einspeicherung und Verarbeitung in elektronischen Systemen.